RÉVÉLATIONS

EXTRAORDINAIRES

SUR LES CHOSES A VENIR

ET SUR

LA JÉRUSALEM CÉLESTE

PAR

MARIE-JOSÈPHE KESLER

PARIS

CHEZ L'AUTEUR

RUE ROYALE, 8.

ET CHEZ TOUS LES LIBRAIRES.

RÉVÉLATIONS

EXTRAORDINAIRES

SUR LES CHOSES A VENIR

ET SUR

LA JÉRUSALEM CÉLESTE.

Vers l'âge de douze ans, mademoiselle Kesler eut une maladie grave. Pendant cette maladie, il lui sembla être devant un précipice. On lui dit : « Voilà l'Enfer. » On ajouta, en désignant un lieu plus éloigné : « Voilà le Purgatoire. » Elle s'éloigna, et son guide lui montra le Paradis. Elle se trouva au milieu d'une procession portant la bannière de la très-sainte Vierge.

Dans la même année, en l'absence de sa belle-mère, chez laquelle elle demeurait, mademoiselle Kesler était restée à la maison avec son frère. Il faisait grand froid; elle sortit pour prendre du bois au jardin; son frère vint au-devant d'elle en lui disant : « Venez vite, il y a ici deux personnes qui viennent d'entrer; le monsieur a sa veste toute mouillée. » On fit grand feu, et tous quatre entourèrent le foyer. Mademoiselle Kesler dit au monsieur : « Il gèle à fendre des pierres, et votre veste fume comme une chaudière. » Elle passa la main sur la veste. Il lui répondit: « C'est l'amour de Dieu. Y croyez-vous? — Oui, dit-elle, j'y crois. » Après être restés quelque temps, les deux étrangers se levèrent; les deux enfants allèrent à la porte pour la leur ouvrir. Cette porte, comme toutes celles du pays, s'ouvrait en deux parties; à peine eurent-ils ouvert le haut, que les deux étrangers disparurent. Le frère dit à sa sœur : « Par où sont-ils passés? Allez par là, moi par ici. » Ils ne purent rien découvrir.

A dix-sept ans, orpheline, elle entra en place. Quelque temps après, elle fut obligée de quitter cette maison au milieu de la nuit. C'était au mois d'août. Ne sachant où aller, elle s'assit dans un champ de blé, au pied d'une gerbe. Elle vit, dans le lointain, un berger ; elle eut peur que ce berger ne vînt de son côté. Sa crainte fut bientôt dissipée. Elle vit le berger et son troupeau s'éloigner. Elle s'endormit ; dans son sommeil, elle se voit entourée de ces mêmes moutons qui tiraient les épis de la gerbe sur laquelle elle reposait. Le bruit l'éveille ; elle voit le berger (le même qu'elle avait vu s'éloigner), debout, appuyé sur sa houlette, la regardant, et les moutons l'entourant. Elle contempla ce spectacle assez longtemps. Tout disparut.

Étant encore plus jeune, habitant Tournay, elle amassait depuis longtemps l'argent de ses récompenses ; elle avait réuni la somme de quatre francs. Elle les porta aux Carmélites, les priant de faire pour elle une neuvaine à saint Joseph, et demander à Dieu un mari comme celui de la sainte Vierge.

La prière de ces dames et la sienne ont été exaucées ; le jour de la Sainte-Trinité, en 1840, mademoiselle Kesler a reçu la bénédiction nuptiale ; en recevant cette bénédiction, elle a senti sa main droite, retenue par une main invisible, lorsqu'elle recevait la bénédiction par la divinité, en s'inclinant au milieu d'un clarté extraordinaire. Puis tout disparut...

Avant 1840, on lui proposa d'aller donner des soins à un vieillard de soixante-quatorze ans. Elle accepta sans réflexion ; dans la route ; elle craignit et demanda à Dieu qu'il voulût bien lui manifester sa volonté. Le lendemain, elle fut inspirée de quitter ce monsieur, et revint à Paris. Dans la voiture, la ville de Paris lui apparut ; aux quatre coins de la ville, des anges sonnaient la trompette.

Elle avait donné des soins à une petite

fille, devenue infirme dès l'âge de sept ans, et qui mourut martyre de souffrances à quatorze ans; étant revenue du convoi, mademoiselle Kesler dit : « Oh! Reine, toi qui as vu le Père Éternel, prie pour moi, afin que Dieu adoucisse ma souffrance. » Elle parut, tenant à la main une couronne de jasmin blanc.

Le jour de la fête de la Sainte-Trinité, en 1840, mademoiselle Kesler étant à l'hôtel du Rhin auprès d'un malade, priant avec continuité, aperçut Dieu dont la tête était brillante comme le soleil; il avait devant lui un ostensoir dans lequel une sainte hostie brillait comme une forte étoile. Mademoiselle Kesler, voulant se prosterner, s'aperçut que sa main droite était retenue invisiblement; elle témoigna le désir qu'on la laissât libre, afin de voir Dieu plus à son aise, ce qui eut lieu; nous nous prosternâmes, Dieu donna la bénédiction et la vision disparut.

Le jour de la Fête-Dieu, mademoiselle

Kesler dit à Dieu qu'elle désirait toucher la main d'un prêtre, dans la confiance que le prêtre touche le corps de Jésus-Christ. Cela n'eut pas lieu ! mais elle se trouva à table en face de son plus jeune frère ; il lui présente une hostie qu'elle prend ; mademoiselle Kesler voit, au bas de cette hostie, un tombeau avec une inscription qu'elle voulut lire, mais elle ne le put, la lumière étant trop faible ; elle dit à son frère : « Lisez-moi cela, je ne peux pas le lire. » Alors on entendit un fort bruit, et, au milieu d'une très-brillante clarté, Jésus-Christ apparut, tenant l'hostie dont il fit connaître l'inscription ainsi conçue : *Adoremus in æternum.*

Le 2 juillet, fête de la Visitation, mademoiselle Kesler, se mettant au lit, sa lumière éteinte, aperçut la très-sainte Vierge et son fils, de grandeur naturelle ; l'un et l'autre étaient vêtus de blanc, et environnés d'éclatantes étoiles. Mademoiselle Kesler dit : « Mon Dieu, laissez-moi encore quelque temps ici, parce que mon intérieur pourrait scandaliser les faibles ! » Puis elle récita l'*Ave Maria*, les litanies de la sainte Vierge, et la vision cessa.

Un jeudi, mademoiselle Kesler alla chez une amie qui lisait la vie d'un personnage martyr sans doute, qui avait eu le poing coupé et que la sainte Vierge avait guéri, lui rendant son poing ; autour du bras seulement régnait une marque rouge. Rentrée chez elle, mademoiselle Kesler, frappée de cette faveur, dit : « Mère chérie, je ne suis donc pas une de vos filles bien-aimées, puisque vous ne me favorisez pas ainsi ! » L'auguste Mère appela son divin fils Emmanuel ; il se présenta comme âgé de douze ans, resta quelques instants auprès d'elle, et tous deux disparurent.

Étant en garde, certain jour, mademoiselle Kesler demanda à Dieu qu'il daignât lui faire voir la Jérusalem Céleste ; aussitôt elle aperçut trois trônes, au milieu de la gloire, un en avant, deux en arrière ; le premier était le trône du Père, les deux

autres ceux du **Fils** et du Saint-Esprit. A
peu de distance, sur le côté gauche, était,
aussi debout, la sainte Vierge sur un pié-
destal ; derrière elle, était sainte Geneviève,
aussi debout, en blanc ; sur le même côté,
une troupe de vierges et de confesseurs,
qui tous chantaient les louanges de Dieu.
Revenant sur la droite, elle vit les âmes
qui sont purifiées dans le Purgatoire, puis
les réprouvés, expiant leurs préventions,
qui venaient la supplier.

Le 1ᵉʳ novembre 1840, mademoiselle
Kesler, faisant sa prière du matin avec le
recueillement convenable, priait pour les
âmes du Purgatoire ; elle aperçut un autel,
en bas de l'autel, Jésus-Christ muni de la
patène, donnant la paix aux âmes heureuses
délivrées par les prières, etc.

Le 3 janvier 1841, mademoiselle Kesler se
préparant à recevoir la sainte communion,
alla à l'église, étant indisposée ; elle rentra
chez elle avec l'intention d'aller à Sainte-

Geneviève, et l'autel lui apparut avec sainte Geneviève, dans l'attitude où elle est sur le tableau de la chapelle.

Le 6 janvier, elle essaya trois fois de se lever; obligée de rester au lit, la très-sainte Trinité lui apparut; Jésus-Christ, entre les deux autres personnes divines, portait, comme un évêque sa crosse, une croix qui touchait tout à la fois le ciel et la terre.

En 1843, dans les jours gras, mademoiselle Kesler restait proche de l'église Saint-Roch; en traversant la rue, une voix se fait entendre et dit : « Voilà le diable. » Approchant les marches de l'église, elle vit un homme courbé et nu-tête ; ses pieds étaient difformes, ses talons se trouvaient à la place du bout des pieds; mademoiselle Kesler entra dans l'église ; une réflexion lui vint d'aller voir ce que cet homme était devenu; elle le retrouva courbé dans la même position, et tout disparut.

La veille de Noël, en 1843, mademoiselle Kesler demandait à Dieu si elle pouvait communier à la messe de minuit. N'ayant pas reçu la réponse qu'elle désirait, elle s'en retourna chez elle tout affligée et se coucha; le lendemain et le surlendemain, à son réveil, elle entendit deux voix angéliques qui louaient Dieu comme résidant en son cœur.

Dans un moment de grande affliction, en 1844, elle disait intérieurement : « Je ne prierai plus. » Tout à coup mademoiselle Kesler aperçut le Père céleste, qui en quelque sorte venait au-devant d'elle. Elle dit alors avec joie : « Voilà le bon Père qui vient pour relever et encourager sa fille. » Elle vit quelque temps après les trois Personnes divines sur un nuage, d'où sortit une voix qui lui dit : « Heureux ceux qui ont vu ce que vous avez vu ! heureuses sont les oreilles qui ont entendu ce que vous avez entendu ! » Elle s'écria : « Mon Dieu ! suppléez à ma foi, je crois. » La voix repartit : « Des rois et des prophètes ont demandé à

voir ce que vous avez vu, et ne l'ont pas vu;
ils ont désiré entendre ce que vous avez entendu et ne l'ont pas entendu ! » Puis, cet
imposant spectacle disparut.

Le vendredi saint, Jésus-Christ apparut
à mademoiselle Kesler, tel qu'il est repré-
senté à la septième station, devant Pilate
qui le fait couronner d'épines; elle dit :
«Seigneur, retirez-vous de moi, car mon
regard n'est pas digne de vous. » Il y resta
longtemps.

Dans une autre circonstance, en 1844,
pendant la messe, à la chapelle Saint-Denis,
à Saint-Roch, elle dit : «Seigneur ! quand
finira donc cet exil pénible et rigoureux ?»
Une voix qui semblait sortir de l'autel fit
entendre ces mots : «Pour être des nôtres,
vous avez à souffrir. » Au son de cette
voix, les yeux de mademoiselle Kesler cou-
laient comme deux fontaines.

Une autre fois, transportée au ciel, mademoiselle Kesler vit près d'elle une croix blanche comme l'albâtre, à côté une grosse couronne. Un personnage lui présente sa mère, en disant : «Voilà votre mère.» Elle répondit: « Je n'ai pas connu ma mère. » Au même moment, nombre de rois jetaient leur sceptre, et tout a disparu.

Dans les jours qui ont suivi la mort du duc d'Orléans, mademoiselle Kesler, après avoir été prier pour lui à Notre-Dame, rentra chez elle et se disposa à prendre du repos ; sa lumière éteinte, elle vit la reine Amélie, vêtue comme elle est représentée au Musée. Mademoiselle Kesler pensa que c'était la sainte Vierge, sous la forme de la malheureuse mère, qui venait l'engager à prier pour son fils avec elle. La reine resta pendant qu'elle récita les litanies de la sainte Vierge, en ajoutant qu'elle prierait Dieu pour lui. Elle disparut. Trois ans après, elle vit le duc d'Orléans, portant un uniforme militaire blanc; elle jugea que ce prince était délivré et venait la remercier.

Dans uu moment de grande affliction, mademoiselle Kesler se vit en présence de la Divinité : la première personne portait une couronne de perles blanches entre ses mains ; la seconde tenait un chapelet, à chaque dizaine duquel était une couronne blanche ; ce chapelet lui fut présenté à son admiration ; elle le regarda, dit qu'il était fort joli ; la troisième personne était à la droite de cette demoiselle. Tout a disparu,

Certain jour, étant dans la chapelle Saint-Denis, à Saint-Roch, mademoiselle Kesler demandait à Dieu qu'il lui donnât quelque chose de cette chapelle, où elle avait reçu nombre de faveurs. Elle posa la main sur une colonne, qui tomba et se brisa en cinq morceaux. Elle ramassa ses débris avec intention de faire graver sur chacun d'eux le nom d'un des membres de sa famille ; alors, une voix lui dit : «Attendez mes ordres, et vous trouverez votre avantage. » A quelque temps de là, elle apprit la mort de son beau-frère, auquel elle destinait un de ces morceaux.

Un jour de 1847, mademoiselle Kesler, entrée à Saint-Roch pour faire le Chemin de la croix, gémissait à la porte de la chapelle ci-devant du Calvaire de ce que l'on a détruit cette chapelle. Le ciel s'ouvre, la Divinité lui apparaît avec la très-sainte Vierge et une dame vêtue de blanc..... «Mon Dieu, dit-elle, ma vue me trompe.» Le ciel s'ouvre une seconde fois, tout reparaît encore, puis elle ne vit plus rien.

Un jour, mademoiselle Kesler se vit dans une grande avenue; sa main droite pendait, un énorme serpent vint se jeter sur elle, et s'élança sur sa main qui lui entra dans la gueule jusqu'au poignet; elle lui passa les doigts par la mâchoire inférieure, et le traîna derrière elle assez longtemps, en criant aux personnes qui s'effrayaient derrière elle : «Je le tiens! » et elle en fut délivrée. Le lendemain, revenant de Sainte-Geneviève, Satan lui fit des propositions qu'elle repoussa; il lui dit de se donner à lui, qu'elle ne serait plus jamais malheureuse; elle lui a demandé çomment? Il lui a répondu que c'était en donnant une autre direction à son sang....... Après se réponse, il a disparu.

Le troisième jour, elle vit un homme descendant du ciel, rayonnant de gloire, qui vint la couvrir de sa chappe et lui donner le baiser de paix. Elle pensa que le serpent signifiait le tentateur dont elle rejeta les funestes suggestions, dans l'individu rencontré au Carrousel, et l'homme revêtu de gloire, le Fils de Dieu qui, la félicitant de sa victoire, lui promettait son appui.

Deux années de suite, le jour de la Pentecôte, mademoiselle Kesler se trouva en esprit dans le Cénacle réunie à la sainte Vierge et aux Apôtres. Trois lumières qui brillaient au-dessus d'elle la conduisirent dans un endroit d'où elle aperçut la cour céleste, dont elle était séparée par une colonne. Elle toucha cette colonne, qui roula sur elle, et elle entendit des voix qui criaient : « Ah! la voilà ! la voilà ! »

Un jour de fête de la Dédicace, mademoiselle Kesler passant devant l'église Saint-Roch, y entra souffrant intérieurement de ne pouvoir assister aux offices. Elle fut comme enlevée au ciel, et autour d'elle, nombre de saints renouvelaient le sacrifice de la croix, des milliers chantaient les louanges de Dieu, accompagnés des instruments d'une infinité d'autres.

Un jour de Pâques, mademoiselle Kesler étant en garde dans une famille dont un enfant vint à mourir malgré ses soins, se sentait accablée de chagrin à cause des mauvais procédés de certaine personne envers elle, et surtout parce qu'elle ne pouvait aller à l'office. Elle se trouva en esprit dans la Jérusalem Céleste; à ses côtés, un personnage à qui elle demanda ce que faisait une nombreuse troupe d'enfants, qu'elle voyait dans le lointain en retraite. Il lui fut répondu : « Ce sont les anges qui chantent les louanges de Dieu. » Puis, elle aperçut Jésus-Christ, qui disait la messe ; l'autel était environné d'une multitude de vierges ; à l'élévation, elle s'inclina, et tout disparut.

Certain jour, pressée du désir de passer la nuit dans l'église Saint-Roch pour adorer Jésus-Christ à chaque station commémorative de sa Passion, elle cessa l'exercice qu'elle avait commencé, et se mit en marche pour aller demander à monsieur le curé qu'il voulût bien l'autoriser à satisfaire sa piété. Aussitôt elle fut arrêtée par une main invisible, elle vit les trois Personnes divines, rayonnantes de splendeur et de gloire, entrer dans la Jérusalem Céleste. C'était, sans doute, le retour du Sauveur au ciel.

En 1847, le jour de la Sainte-Trinité, mademoiselle Kesler dit à Dieu : « Sept ans se sont écoulés depuis que nous avons fait alliance, où en sommes-nous?» Un ange lui apporta une branche de lis et disparut.

En 1848, le vendredi saint, mademoiselle Kesler, travaillant dans un atelier national, dit à une femme qui recommandait à ses compagnes de prier quand trois heures sonneront : Adressez trois demandes au Christ, une vous sera accordée. Pour moi, ajouta-t-elle, je demande à Dieu qu'il reçoive ma confession. «Aussitôt un ange vêtu de blanc apparut et lui dit : «Entrez dans ce confessionnal, l'ambassadeur va venir. » Elle s'agenouilla, et quand elle eut fini, ce fut Jésus-Christ qu'elle vit sortir tout glorieux de ce confessional; il disparut.

A certaine époque de la même année, vers le 8 septembre, mademoiselle Kesler alla dans son pays pour des pèlerinages que Dieu lui avait ordonné de faire. Arrivée à Tournay, en Belgique, elle reçut l'ordre d'aller se confesser au doyen de la cathédrale ; elle y alla. Cet ecclésiastique l'engagea à retourner le trouver, et dit qu'il prierait. Elle lui répliqua : « Priez, monsieur, priez pour tous les prêtres, car ils en ont le plus pressant besoin. » Ensuite, de retour à Paris, l'année suivante, le jour de la fête du 4 mai, en 1849, ayant reçu l'ordre de faire écrire sa confession, elle tomba malade. Un ange l'avertit que dans quatre jours elle sortirait de la terre ; alors elle vit les trois Personnes divines, en arrière un prêtre qu'elle avait requis, et elle dit à Dieu : « Père chéri, ce que vous avez commandé n'est pas encore fait, accordez-moi quelque délai. » Et tout a disparu.

Dans tout le cours de sa vie, dès ses plus jeunes années mademoiselle Kesler eut des visions, mais presque toujours le jour de la Commémoration des morts ou à Noël. Tantôt elle se trouvait à l'entrée de la Jérusalem Céleste, environnée de gens qui paraissaient très-nécessiteux. Elle pense que c'étaient les âmes du Purgatoire qui imploraient le secours de ses prières. Tantôt, au ciel toujours, elle voyait des personnages vêtus de blanc, prenant leur essor dans les airs ; c'étaient sans doute les âmes délivrées des peines de l'autre vie. A Noël, elle se trouvait ordinairement, ou à la tête d'une confrérie, ou environnée de nombreuses vierges qui chantaient avec elle les louanges du Seigneur. Un de ces jours de Noël, elle était en garde près d'une personne peu chrétienne, elle gémissait de ne pouvoir assister à la grande messe ; alors elle fut introduite dans la Jérusalem Céleste, Jésus-Christ dit la messe et elle fut comblée de joie.....

Le 13 août 1853, de trois à quatre heures de l'après-midi, mademoiselle Kesler était penchée sur sa croisée, un rayon de soleil la frappa singulièrement, elle se releva et aperçut au firmament un autel blanc comme l'albâtre ; le soir, sortant pour dire son chapelet, une étoile est tombée. Dans les premières heures du 14, elle fut de nouveau à sa croisée ; l'autel lui apparut tout brillant dé blancheur, et une seconde fois une étoile tomba. Tout disparut.

Quelque temps après, à la suite de fatigues, mademoiselle Kesler tomba malade, un ange vint, tenant une lettre dans sa main, et lui annonça de nouveau que son exil sur la terre était à son terme. Le lendemain, un peu moins souffrante, elle se leva vers cinq heures du soir ; l'ange qu'elle voyait depuis assez longtemps se mit dans son lit et renouvela sa notification. Aussitôt elle aperçut que c'était Dieu qui daignait lui apparaître ; il avait trois yeux à la tête, c'étaient trois brillantes lumières; celui du milieu était plus grand que les deux autres, c'était comme auparavant les trois trônes, celui du Père, celui du Fils et celui du Saint-Esprit. Elle demanda au Seigneur quelque délai, parce que les mesures qu'il lui fallait prendre relativement à sa famille et à ses communications célestes n'étaient pas encore prises. Ce délai lui fut accordé, et depuis lors elle n'a pu avoir de repos qu'elle ne fût venue faire écrire.

Etant aux vêpres à Saint-Roch, à la chapelle de la Sainte-Vierge, une voix fait entendre à mademoiselle Kesler qu'elle doit rester assise au moment du Magnificat; elle se dit qu'elle ne resterait pas assise, elle se lève, parcourant la chapelle de droite et de gauche et est obligée de revenir à sa place; en y arrivant elle se trouve paralysée des jambes et obligée de rester assise jusqu'après la cérémonie finie. Elle demanda à Dieu pourquoi il voulait qu'elle restât assise? une voix lui répond: « Parce qu'il vous a été donné de connaître les mystères de Dieu. » Et depuis ce moment-là, elle reste assise au Magnificat.

Un jour, recueillie et parcourant la liste de sa vie, mademoiselle Kesler dit à Dieu qu'elle n'avait pas trouvé une heure de bonheur; une voix à sa gauche lui répond: « J'ai été votre défenseur. » Au même instant ses adversaires apparaissent. Elle dit: « Mon Dieu pourquoi vous abaissez-vous ainsi pour moi, une fille d'Adam, la dernière de vos créatures? » Dieu lui répond:

« Marie était une fille d'Adam. » Mademoiselle Kesler lui dit : « Mon Dieu, qu'ai-
je pu faire pour vous plaire ? » Dieu lui répond : « Votre grande foi..... » Puis tout
disparut.

En 1854, étant à la croisée, mademoiselle Kesler demanda à Dieu si son exil
serait encore long dans la triste position où
elle se trouvait ? le ciel s'ouvre à trois fois
différentes et elle voit la Jérusalem Céleste.
Une autre fois elle se trouva dans la Jérusalem Céleste, elle vit un grand livre, elle
demanda à Dieu quel nom elle devait donner à son manuscrit ; il lui est répondu : *un
contrat.*

Dans la même année, mademoiselle Kesler vit son plus jeune frère lui montrant
le ciel et tenant une couronne à la main ;
quelque temps après elle le perdit. Elle dit :
« Mon Dieu, je ne porterai pas le deuil de
mon frère ; donnez-lui une belle place auprès
de vous, et s'il a une dette à payer, je veux

l'acquitter.» Une voix lui répondit que son frère avait emporté sa couronne avec lui.

Dans tout le cours de sa vie, neuf couronnes furent présentées à l'admiration de mademoiselle Kesler. Une étoile supérieure l'a suivie toute sa vie. En 1855, elle quittait l'église Saint-Roch, son étoile l'attendait au bout de la rue et l'accompagna jusque chez elle; elle rentra; en arrivant à la fenêtre de sa chambre, elle vit son étoile.

Le dernier jour de l'octave du Saint-Sacrement il pleuvait à verse, elle se dit : «Je ne verrai pas mon étoile.» Arrivée au bout de la rue Saint-Roch, elle vit de loin, en face de chez elle, un nuage blanc au milieu des nuages noirs, un autel et le fils de Dieu au milieu; ensuite tout disparut. Depuis ce temps, elle ne vit plus son étoile.

Mademoiselle Kesler reçut chez elle une pauvre victime sans asile, protestante; l'enfant fut faite catholique. Elle dit : «Mon

Dieu, si l'enfant doit être à vous, parvenue
à l'âge d'une femme, laissez-lui la vie ; si
elle ne doit pas être à vous, retirez-la. »
Dieu exauça sa prière ; l'enfant mourut.
Elle se trouva dans la Jérusalem Céleste,
tenant l'enfant par la main, reçue par la Divinité, parcourant la confrérie de la sainte
Vierge, qui chantait les louanges de Dieu.
Elle demanda à l'enfant si elle était contente ;
l'enfant lui répondit en l'embrassant avec
transport.

Bien des fois mademoiselle Kesler a
adressé à Dieu la pareille demande et elle
a été exaucée.....

Mademoiselle Kesler était un jour affligée de sa détresse, elle dit : « Père chéri,
vous n'avez donc pas exaucé la prière de
votre fille Marie ? Je vous avais demandé
dans mon enfance, que, si j'avais à souffrir,
ce fût plutôt dans ma jeunesse, et que je
n'eusse pas à tendre la main dans ma vieil-
lesse » Une voix lui répondit: « A trente ans,
je vous ai donné de la fortune. » Elle se

rappela alors qu'à trente ans elle fut demandée en mariage par un homme riche et de grand nom. Étant en route pour aller chez le notaire faire faire le contrat, elle dit au monsieur : « Pas de mari, pas de nom, pas de fortune. » Il lui répondit en pleurant. « Je suis arrivé à l'âge de soixante-quatorze ans ayant satisfait sans obstacle tous mes désirs, toutes mes passions. Vous êtes la seule femme que j'aie jamais aimée, et vous me refusez? » Cette rencontre avait été ménagée d'en haut pour la conversion de cet homme, que mademoiselle Kesler eut le bonheur de ramener à Dieu, et qui mourut chrétiennement.

Mademoiselle Kesler dit à Dieu : « Père chéri, apprenez-moi une prière que personne ne sache. » Une voix lui répondit : « Votre manuscrit est une prière que personne ne sait. »

Le 22 février 1857, mademoiselle Kesler,

étant en garde, passa la nuit auprès d'une dame. Notre-Dame des Petits-Pères lui apparut toute brillante, telle qu'elle est à l'autel des Petits-Pères. Toutes les lumières étaient allumées; à sa gauche, se trouva déposée sur son épaule une grosse lampe, qui s'éteignit, puis tout disparut. Le lendemain elle quitta la garde.

Les derniers jours de février 1857, mademoiselle Keseler était dans un état inquiétant et priant. Elle voit tous les biens de la terre, l'or, l'argent, tout ce que la terre possède d'immensité, tout se réduit en une parcelle de boue... Tout finira, et l'éternité sera.

Le 1ᵉʳ mars, cinq heures du matin, mademoiselle Kesler, étant dangereusement malade, une voix se fait entendre et lui dit: «Sortez du tombeau.» Sortant du tombeau elle dit : «Les mains si brûlantes hier, si glacées aujourd'hui ! » Elle met aussi sa main sur sa figure, qui était comme un marbre glacé. Mademoiselle Kesler se rendormit. Etant éveillée sur les sept heures, elle se sentit mourir : «Mon Dieu! que faire? dit-elle. Donnez-moi quelques jours de délai, que j'aille mourir dans ma patrie! » Sa demande lui fut accordée.

Le dimanche 8 mars, à six heures du matin , mademoislle Kesler entendit la messe à la Jérusalem Céleste.

Le lendemain, étant dans un grand abattement, mademoiselle Kesler fut réveillée par un bruit pareil à celui du vent dans les arbres et vit trois anges lui apporter trois palmes qu'ils ont déposées sur son lit. Un petit ange est venu deux fois dans la journée s'asseoir sur sa poitrine. Ce souvenir lui a laissé une grande joie.

Mademoiselle Kesler , étant retournée dans son pays, en Belgique, pour se rétablir d'une longue et douloureuse maladie, abandonnée de toute la médecine de Paris, pensait y mourir ; mais sa carrière n'étant pas accomplie, se voyant morte, elle se trouve en présence de la Divinité, et lui dit : «Mon Dieu ! moi qui ai toujours désiré d'aller mourir dans ma famille et dans ma patrie, accordez-moi cette grâce. » Elle lui fut accordée.

A l'instant même, elle se reconnaît et voit qu'elle a manqué et qu'elle devait préférer Dieu et sa gloire à sa famille et à sa patrie. Elle se voit un pied dans le précipice, et l'autre jambe dans la Jérusalem Céleste, comme un enfant, par sa désobéissance, rejeté de son père.

Au mois d'août 1857, mademoiselle Kesler, étant rentrée chez elle, bien affligée de ce qu'elle avait vu dans la procession du sacre de Notre-Dame à Tournay, son pays, était à dîner lorsqu'elle aperçut dans le ciel une guirlande de lumière formant la procession. Elle la contempla aussi loin que sa vue put porter, puis tout disparut.

Dix jours avant les élections, le dernier jour du mois de novembre 1857, mademoiselle Kesler, étant couchée, fut réveillée. A son réveil, elle voit le Christ assis, représentant Jésus délaissé, et la sainte Vierge, à sa gauche, debout. Mademoiselle Kesler s'assied sur son lit afin de mieux les contempler; elle les vit tous deux en prières. Elle se rendormit de nouveau et fut réveillée une seconde fois. Alors elle dit à Dieu: « Il n'y a donc pas de repos pour moi? Je suis fatiguée; pourtant je prie jour et nuit, et vous me montrez que ce n'est pas encore assez, puisque vous me réveillez. Eh bien! mon Dieu! je continuerai de prier en augmentant ma prière. » Puis tout a disparu.

Paris. — Typ. Walder, rue Bonaparte, 44.

PARIS. — IMPR. DE WALDER, RUE BONAPARTE, 44.